Ernst Trumpp

Nanak, der Stifter der Sikh-religion

Festrede zur Vorfeier des allerhöchsten Geburts- und Namensfestes

Ludwig II., König von Bayern

Ernst Trumpp

Nanak, der Stifter der Sikh-religion
*Festrede zur Vorfeier des allerhöchsten Geburts- und Namensfestes Ludwig II.,
König von Bayern*

ISBN/EAN: 9783743614260

Hergestellt in Europa, USA, Kanada, Australien, Japan

Cover: Foto ©ninafisch / pixelio.de

Weitere Bücher finden Sie auf **www.hansebooks.com**

der Stifter der Sikh-Religion.

Festrede

zur

Vorfeier des Allerhöchsten Geburts- und Namensfestes
Seiner Majestät Ludwig II., Königs von Bayern

gehalten in der

öffentlichen Sitzung der k. b. Akademie der Wissenschaften

zu München

am 25. Juli 1876

von

Dr. Ernst Trumpp,

ord. Mitglied der philos. philol. Classe der k. Akademie.

Nānak, der Stifter der Sikh-Religion.

Festrede

zur

Vorfeier des Allerhöchsten Geburts- und Namensfestes

Seiner Majestät Ludwig II., Königs von Bayern

gehalten in der

öffentlichen Sitzung der k. b. Akademie der Wissenschaften

zu München

am 25. Juli 1876

von

Dr. Ernst Trumpp,

ord. Mitglied der philos. philol. Classe der k. Akademie.

München 1876.

Im Verlag der k. Akademie.

Nānak, der Stifter der Sikh-Religion.

Fast zu derselben Zeit, in welcher das Abendland nach langem Schlafe ein neuer Geist der Forschung zu durchwehen begann und Deutschland sich anschickte, die geistigen Fesseln Roms zu brechen, fingen auch im fernen Osten, im alten Wunderlande Indien, die Geister sich aufs neue zu regen an und auch dort wurde, nur vierzehn Jahre vor Luther, ein Mann geboren, der dem erstorbenen, in todten Gözendienst versunkenen religiösen Leben einen neuen Impuls gegeben hat: es ist dies Nānak, der Stifter der Sikh-Religion, dessen Name noch heutigen Tages von dem kriegerischen Volke des Panjāb mit der grössten Ehrfurcht genannt wird. Da über seine Persönlichkeit und sein Leben unter uns noch so wenig bekannt ist und das, was englische Schriftsteller darüber aus den späteren Sikh-Traditionen mitgetheilt haben, höchst unzuverlässig ist, so erlaube ich mir, meine hochzuverehrende Herren, heute Ihre Aufmerksamkeit auf diesen Mann hinzulenken, indem ich Ihnen einen kurzen Umriss seines Lebens und Wirkens vorzuführen versuchen will, den ich direkt aus den Originalquellen gezogen habe.

Nach der grossen Militär-Revolution in Indien im Jahre 1857, die Ihnen noch wohl im Gedächtnisse sein wird und deren Schrecken und Greuelthaten ich als Augenzeuge theilweise selbst miterlebt habe, wurde die öffentliche Aufmerksamkeit wieder vorwiegend auf die tapferen Sikhs hingelenkt. Denn die Sikh-Regimenter waren es ja hauptsächlich gewesen, welche durch ihre unerschütterliche Treue und Tapferkeit den grossen Aufstand bewältigen halfen und die wankende englische Herrschaft aufs neue befestigten, obschon erst kaum zwölf Jahre verflossen waren, seit die Engländer durch den blutigen und durch die Verrätherei der Sikh-Häuptlinge erlangten Sieg von Subrāhā am Satluj (10. Febr. 1846) der Unabhängigkeit des rasch aufgeblühten und nach der Alleinherrschaft in Indien strebenden Sikh-Staates den Todesstoss gegeben hatten.

Seit der darauf erfolgten Annexion des Panjāb war man dort mit der äusserlichen Ordnung der Dinge so beschäftigt gewesen, dass sich Niemand weiter um die Religion der Sikhs bekümmerte, da diese sich willig in ihr unvermeidliches Loos gefügt hatten. Nach Niederwerfung des Militäraufstandes jedoch und nach den grossen Diensten, welche die Sikhs dabei geleistet hatten, beschloss die oberste Regierung von Indien die heiligen Schriften der Sikhs, die jedes Sikh-Regiment unter einem roth-seidenen Baldachin mit sich zu führen pflegt, näher untersuchen und übersezen zu lassen. Nach obligater, jahrelanger Verzögerung wurde dieser Auftrag mir ertheilt und in Folge davon ging ich im Jahre 1870 nach dem Panjāb, um dort mit Hilfe der Sikh Priester, die mir die Regierung zur Verfügung stellte, meine Aufgabe in Angriff zu nehmen.

Während ich mit der Durcharbeitung ihrer h. Schriften in Lāhōr beschäftigt war, drängte sich mir von selbst das Bedürfniss auf, mich mit dem Leben des Stifters ihrer Religion, dessen eigene Worte mir so oft dunkel und räthselhaft waren, näher bekannt zu machen, um so des merkwürdigen Mannes Aussprüche, sein ganzes Dichten und Trachten besser verstehen zu lernen.

Ich fand, dass unter den Sikhs verschiedene Beschreibungen des Lebens Nānak's cursirten, die Janam-patrīs oder Janam-sākhīs[1]) ge-

---

1) जनम पची, eigentlich ein Blatt Papier, auf welchem das Jahr, das Monds-Datum und die Configuration der Planeten bei der Geburt eines Kindes verzeichnet sind. Beigefügt wird gewöhnlich auch ein darauf gegründetes Horoscop. Dieses Janam-patrī wird vom Haus-Brāhmanen ausgestellt und dient in Indien zugleich als Geburtsschein.

जनमसाखी bedeutet Geburtsgeschichte. Beide Namen werden jezt häufig verwechselt.

Da wir hier keine Gurmukhī Typen haben, müssen wir die angeführten Citate mit Sanskrit-Hindī Lettern umschreiben.

nannt werden. Ich verglich verschiedene Handschriften derselben und fand dass sie alle so ziemlich übereinstimmten, in einzelnen Erzählungen jedoch von einander abwiechen. Während meines Aufenthaltes in Lāhōr wurde ein solches Janam-sākhī lithographirt und mit nicht unschönen, theilweise höchst charakteristischen und kühnen Holzschnitten herausgegeben; durch Vergleichung dieses mit den currenten Handschriften fand ich, dass vieles in demselben, was ein ungünstiges Licht auf Nānak zu werfen schien, ausgelassen, anderes dagegen, was für seine Deification sprach, eingeschoben worden war. Dieses überzeugte mich bald, dass auf die gewöhnliche Ueberlieferung der Sikhs nicht viel zu bauen war; ich hatte ohnedies schon Grund genug anzunehmen, dass die Mythenbildung über ihren Guru, obschon sein Leben in die volle historische Zeit fällt, schon weit fortgeschritten war, da unter dem Wuste von wunderbaren und theilweise ganz absurden Erzählungen ein historischer Kern sich kaum entdecken lassen wollte. Der Mann, wie ich ihn in seinen eigenen Sprüchen und Liedern im Granth vor mir hatte, wollte durchaus nicht stimmen mit den wunderbaren Gebilden der Sage.

Ohne einen Verdacht gegen die Sikh Priester zu äussern, die jeden Zweifel an der Gottheit Nānak's als einen schändlichen, in unendliche Wiedergeburten stürzenden Frevel betrachtet hätten, forschte ich fleissig nach, ob ich nicht ältere Ueberlieferungen über Nānak erhalten könnte. Ich wandte mich, mit Empfehlungen der Regierung versehen, an hervorragende Sikhs, von denen ich hörte, dass sie im Besize von Gurmukhī Handschriften seien, um Janam Sākhīs von Nānak zu erhalten. Aber alle meine Nachforschungen blieben erfolglos; es kamen nur die gewöhnlichen Compilationen zum Vorschein, die mir keinen sichern Anhaltspunkt boten.

Als ich im Jahre 1872 wieder nach Europa zurückgekehrt war, sandte mir die englische Regierung zur Fortsezung meiner Arbeiten eine Kiste mit Handschriften des Granth, denen noch andere Gurmukhī Manuscripte beigelegt waren, damit ich vielleicht das eine oder andere für meine Zwecke verwerthen könnte. Als ich diese durchstöberte, fand ich ein altes, theilweise schon von den weissen Ameisen angefressenes Manuscript, dessen alte Schriftzüge, wie sie in dem in Kartarpur aufbewahrten, von Guru Arjun, dem Zusammensteller des Granth, unterzeichneten Exemplare vorkommen, mir sogleich auffielen. Auf dem ersten Blatte enthielt es in Sanskrit-Lettern die kurze Aufschrift नानक का यन्थ जनमसाखी का (eine Schrift Nānak's, die Geburtsgeschichte betreffend). Das Werk war, nach dem beigefügten Eintrag auf der ersten Seite, von dem berühmten H. T. Colebrooke der Bibliothek der ostindischen Company geschenkt worden, ohne dass er, wie es scheint, den Inhalt desselben kannte.

Als ich das Buch zu lesen anfing, drängte sich mir sofort die freudige Wahrnehmung auf, dass mir hier eine ganz andere Relation des Lebens Nānak's vorlag, als ich bisher gesehen hatte. Wie die Schrift war auch die Sprache alt und in vielen Worten und Redewendungen ganz mit der Diction Guru Arjun's übereinstimmend. Nach fortgesezter Prüfung und Vergleichung des Werkes mit den späteren Janam-sākhīs konnte ich mit Evidenz feststellen, dass wir hier die Quelle haben, aus der die andern alle geschöpft haben: denn die Erzählungen, soweit sie beiden Relationen gemeinsam sind, stimmen häufig verbatim überein, nur dass die späteren Compilationen an die Stelle alter und mit der Zeit unverständlich gewordener Worte neuere Wortformen gesezt haben. Dieses alte Janamsākhī fällt, wie schon angedeutet, nach allen äusseren, sowie inneren Merkmalen in die letzte Zeit von Guru Arjun oder in die unmittelbar nachfolgende. Das Granth, das Guru Arjun aus den hinterlassenen Schriften seiner vier Vorgänger und der berühmten Bhagats (Frommen), sowie aus seinen eigenen überaus zahlreichen poëtischen Ergüssen zusammenstellte, wird schon durchaus citirt, jedoch noch ohne jegliche Paraphrase, während die späteren Janamsākhīs es schon für nöthig erachtet haben, die aus dem Granth angeführten Verse in die neuere Sprache zu übersezen.

Wir sind durch die Entdeckung dieses alten Janam-sākhī's, das den jezt lebenden Sikhs ganz unbekannt zu sein scheint, in den Stand gesetzt, die ältere Tradition über Nānak von der späteren zu unterscheiden und wenigstens annähernd die wirklichen Lebensumstände desselben festzustellen. Es fehlt auch in dieser ältesten Relation nicht an vielen wunderbaren Erzählungen, wie es bei Indern mit ihrer ungezügelten Phantasie und bei dem durchschnittlich so niederen Bildungsstande der Volksmassen nicht anders zu erwarten ist, aber im Vergleich mit den späteren Janam-sākhīs, die, um die Neugierde zu befriedigen, in die einzelnsten Umstände eingehen und nur noch am Wunderbaren, sei es auch noch so absurd, einen Geschmack finden, ist es verhältnissmässig nüchtern zu nennen.

Nach dieser ältesten Quelle[1]) wurde Nānak geboren im Samvat Jahre 1526, im Monat Vaisākh[2]) (= A. D. 1469, April-Mai) in dem Dorfe Talvandī, das am Rāvī (dem Hydraotes der Griechen) nicht weit oberhalb Lahōr gelegen ist.[3]) Sein Vater hiess Kālū, der Kaste nach ein Khatrī (Kshatriya), der Familie nach ein Vēdī, ein einfacher Landmann, der zugleich im Dienste des Grundherrn des Dorfes, Rāe Bulār als Feld-Abschäzer angestellt war.[4]) Bei seiner Geburt soll das ganze millionenfache Hindū Pantheon erschienen, dem Kinde gehuldigt und gesagt haben: ein grosser Heiliger ist gekommen die Welt zu erlösen, ihm soll Ehrerbie-

---

1) Die vollständige Uebersezung derselben siehe in der Einleitung zur Uebersezung des Sikh Granth.
2) Nach den späteren Janam-patrīs im Monate Katak (Mitte October bis Mitte November).
3) Talvandī, der Geburtsort Nānak's, liegt in der Zilā (eigentlich ضِلَع, im Panjābī jedoch जिला gesprochen) von Lāhōr (im Panjābī लाहौर Lāhaur), im Collectorat (तसील = تَحْصِیل) von Sarakpur. Der Ort heisst jezt Nānakāṇā (नानकाणा); er hat ein Gur-dvār und ist für die Sikhs ein Wallfarthsort.
Malcolm (Sketch of the Sikhs, p. 7, note 7) ist im Irrthum, wenn er das Dorf an das Ufer des Biās verlegt, das jezt Rāyapur heissen soll. Es gibt im Jalandhar Duāb allerdings einen Ort der Tilvandī heisst, ganz in der Nähe von Sultānpur, nicht weit vom Zusammenfluss des Biās und des Satluj, der aber nicht der Geburtsort Nānak's ist.
4) Talvandī wird als Eigenthum des Rāe Bōe aufgeführt; der Grundherr zu Nānak's Zeit jedoch wird Rāe Bulār genannt, ein Sohn oder Enkel desselben, ein musalmān Rajput von dem Bhattī Stamme, dessen Land- oder Feld-Abschäzer (पटवारी) Kālū war.

tung gezollt werden! (वडा भगतु जगतु निस्तारण कउ आइआ इस कउ निमस्कार कीजीऔ). Seine Kindheit wird nicht weiter berührt, sondern nur bemerkt, dass er mit Knaben seines Alters nicht gespielt, sondern immer in seinen Gedanken mit dem höchsten Herrn beschäftigt gewesen sei.

In seinem siebenten Jahre brachte ihn sein Vater in eine Hindū-Schule um Schreiben und Lesen zu lernen. Hier soll er gleich den Schulmeister, als er ihm auf ein Holztäfelchen die Buchstaben des Alphabets zum Nachmachen niederschrieb, durch seine überlegene Kenntnisse in Erstaunen gesetzt haben.

Zum Beweis dafür werden 34 Verse aus dem Granth angeführt, welche „die Schultafel" überschrieben sind und auf die Verehrung des einigen, höchsten Herrn dringen. Der Verdacht liegt nahe genug, dass die ganze Erzählung, wie manche andere, dazu erfunden worden ist, um den erwähnten Versen eine historische Unterlage zu geben.

Die weitere Entwicklung Nānak's wird nicht berührt, weil man damals offenbar nichts weiteres davon wusste. Nur eine Erzählung wird eingeschaltet, dass Nānak, der die Buffalos seines Vaters auf der Weide hüten sollte, dieselbe in ein angebautes Feld brechen und abweiden liess. Auf die Klage des Eigenthümers des Feldes verneinte Nānak seine Schuld, und als das Feld in Augenschein genommen wurde, soll sich kein Schaden vorgefunden haben. Die Heirath Nānak's, sowie die seiner Schwester Nānakī mit Jairām, die den späteren Compilatoren ein so ausgiebiges Feld dargeboten hat, wird hier übergangen. Es wird nur kurz bemerkt, dass auf Gottes Befehl in Nānak's Hause zwei Söhne geboren worden seien, Lakhmī-dās und Sirī-cand, dass aber Nānak nichts destoweniger ein von der Welt abgezogenes Leben geführt habe.

Dann folgt eine Wundergeschichte, dass Nānak eines Tages sich unter einen Baum gelegt und eingeschlafen sei. Rāe Bulār kam zufällig dahin und sah, dass der Schatten der andern Bäume gegangen war, während der Schatten des Baumes, unter dem Nānak schlief, geblieben war. Dies gab Rāe Bulār Veranlassung, dem Vater Nānak's, Kālū, der auf seinen Sohn um seines träumerischen Wesens willen übel zu sprechen war, einzuschärfen, dass sein Sohn ein grosser Mann sei und er durch denselben erhaben worden sei (एहु महापुरखु है कालू तूं भी निहालु होस्आ), was dem Kālū wenig einleuchten wollte, der gleichgiltig darauf antwortete, dass Gottes Sachen eben nur Gott kenne. Die späteren Janam-sākhīs haben diese Sage schon weiter dahin ausgeschmückt, dass eine grosse schwarze Schlange ihren Kopf über Nānak aufgeblasen und ihn dadurch vor den Sonnenstrahlen geschüzt habe.

Es wird nun ausdrücklich erwähnt, dass Nānak sich immer in Gesellschaft von Faqīren (ascetischen Bettelmönchen) herumgetrieben, keine Neigung zu irgend ernsterer Arbeit oder zu einem Berufe gezeigt und dadurch seiner Familie, die seinen göttlichen Beruf nicht erkennen wollte, besonders seinem weltlich gesinnten Vater Kālū, der immer mit einem gewissen Vergnügen als ein Geizhals geschildert wird, viele Sorgen verursacht habe. Die Familie betrachtete ihn endlich als verrückt und fing an über dieses Unglück zu trauern (तबि सारा परवारु सभु कुटंबु वेदीआं का लागा भूरणि आखण लगे जो वडा हैफु होस्आ जो कालू दा पुत्र दिवाना होस्आ, so der Originaltext). Auf Andringen der Verwandten wurde ein Arzt zu Rathe gezogen, der jedoch nichts auszurichten vermochte.

Es ist bezeichnend, dass dieser Umstand in den späteren Compilationen sorgfältig übergangen worden ist, wie überhaupt alles, was auf Nānak ein ungünstiges oder zweifelhaftes Licht werfen könnte.

Wohl aus Verzweifelung, Nānak daheim in ein geordnetes Leben bringen zu können, sandten ihn seine Eltern (nach dem Original, auf Befehl Gottes) zu seinem Schwager Jairām nach Sultānpur[1]), der dort bei Navāb Daulat Khān im Commissariat angestellt war.

---

[1] Es gibt zwei Sultānpur, eines nahe dem Zusammenfluss des Biās und des Satluj, das andere am oberen Biās, am Fusse des Himālaya. Das erste ist hier gemeint.

Nānak erhielt auf Verwendung seines Schwagers ebenfalls eine Anstellung im Commissariat und hielt sich zu allgemeiner Zufriedenheit. Seine Frau mit ihren zwei Kindern liess er, troz ihrer Gegenvorstellungen (in Talvandī) zurück, da sein Familienleben kein glückliches war, wohl durch seine eigene Schuld, indem nichts nachtheiliges über seine Frau berichtet wird. In Sultānpur gesellte sich zu ihm ein gewisser Mardānā, von Profession ein bettelnder Musicant, seines Glaubens ein Musalmān. Mit diesem brachte er nach der Tagesarbeit die Nächte im Lob Gottes zu, indem Mardānā auf dem Rebeck spielte, während Nānak dazu Verse improvisirte. Eines Morgens ging er in den vorbeifliessenden Canal um zu baden. Während er badete, ergriffen ihn Engel und brachten ihn vor Gottes Gegenwart. Dort erhielt er die prophetische Weihe, indem ihm ein Becher Nectar gereicht wurde, mit der Aufforderung, auf Erden den Namen Hari's zu verkündigen. Darauf wurde er wieder in den Canal zurückgebracht und er ging heim. Er wurde mit allgemeinem Erstaunen empfangen: denn sein Diener, dem er, als er in den Canal hineingieng, seine Kleider anvertraut hatte, war, als Nānak nicht mehr heraus kam, nach Hause gelaufen und hatte verkündigt, dass Nānak ertrunken sei. Der Khān selbst war auf diese Anzeige an den Canal geritten und hatte Fischern den Auftrag gegeben mit ihren Nezen den Leichnam zu suchen, aber sie hatten ihn nicht finden können.

Auf dieses Ereigniss hin, das irgendwie einen historischen Kern zu haben scheint, vertheilte Nānak alles, was er hatte, verliess sein Haus und wurde ein Faqīr, wobei ihn Mardānā begleitete. Der Khān wollte den treuen Diener durchaus in seinem Dienste zurückhalten, aber Nānak wankte nicht in seinem Entschluss.

Ganz anders erzählen die Sache die späteren Compilationen. Nānak geht auf Antreiben der Rāe Bulār, der es nicht mit ansehen kann, dass Kālū seinen grossen Sohn so respectswidrig behandelt, und auf Einladung seines Schwagers Jairām nach Sultānpur und wird dort angestellt. Er gibt aber so reichlich Almosen, dass Jairām es für gerathen hält Kālū darüber Bericht zu erstatten, der dann auch kommt und Nānak mit scharfen Worten zur Sparsamkeit ermahnt. Auf Nānak's Verlangen prüft Jairām seine Rechnungen, aber es kommt noch ein bedeutender Ueberschuss für ihn heraus. Um Nānak mehr zur Sparsamkeit anzuhalten, wird nun auf Kālū's Bitten durch Jairām seine Heirath eingeleitet, die aufs eingehendste beschrieben wird. Aber troz alledem fährt Nānak in seinem Almosengeben wie früher fort, was zu häuslichen Zwistigkeiten zwischen ihm und seiner Frau Veranlassung gibt, und eine Einmischung seiner Schwiegereltern zur Folge hat, was aufs ausführlichste ausgemalt wird.

Der Erzählung von dem Bade im Canal wird eine ganz andere Wendung gegeben; die Weihe zum Guru wird nicht erwähnt, da Nānak nach diesen späteren Compilationen schon als Avatār in die Welt eingetreten ist. Es soll ihm nämlich einer von den Gōvind Faqīren den Rath gegeben haben, täglich im Flusse zu baden, um seine Leber zu heilen. Eines Tages soll Nānak im Canal gebadet haben und darinnen verloren gegangen sein. Auf dieses hin soll das Gerücht entstanden sein, Nānak habe sich Veruntreuungen zu Schulden kommen lassen. Als er daher nach drei Tagen wieder zum Vorschein kam, habe der Khān eine Untersuchung gegen ihn anstellen lassen, welche aber zu seinen Gunsten ausfiel, so dass er noch 760 Rupien herausbekam, welche er jedoch nicht annahm, sondern den Armen überwies. Nānak habe dann, des Geschäftes im Commissariat überdrüssig, seine Entlassung genommen und sich, Weib und Kind verlassend, in die Wildniss zurückgezogen.

Nānak scheint sich zuerst in der Nachbarschaft von Sultānpur aufgehalten zu haben. Sein erstes Dictum, das Aufsehen unter den Leuten erregte, war: „es gibt keinen Hindū und keinen Musalmān", was ihn jedoch aufs neue in den Ruf der Verrücktheit brachte. Auf das Antreiben des Kāzī berief ihn der Navāb Daulat Khān zu sich, um ihn über seine neue Lehre zu vernehmen. Es war gerade die Zeit des Mittagsgebets und der Khān lud Nānak ein, ihn in die Moschee zu begleiten. Der Kāzī betete vor; Nānak aber, statt andächtig zuzuhören, fieng zu lachen an. Nach dem

2*

Gebet beklagte sich der Kāzı über Nānak's unehrerbietige Aufführung. Darüber von dem Khān zur Rede gestellt, erwiederte er: er habe gelacht, weil das Gebet des Kāzī ein nuzloses gewesen sei. Aufgefordert, sich näher auszusprechen, fuhr er fort: der Kāzī habe in seinem Hofe, in dem ein offener Brunnen sei, ein junges Füllen gelassen, während des Betens habe er immer an das Füllen gedacht, es möchte in den Brunnen fallen. Auf dieses hin fiel der Kāzī zu Nānak's Füssen und bekannte die volle Wahrheit. Dadurch stieg Nānak auf einmal in der Achtung aller und der Khān entliess ihn gnädigst, nachdem er ihm noch all sein Vermögen angeboten hatte. Er fieng nun an im Lande herumzuwandern, begleitet von Mardānā, dem Musicanten.

Bis hieher stimmen beide Relationen, wenigstens in den Hauptpuncten noch überein, obgleich die späteren in ihrer Wundersucht schon alles ins übernatürliche zu steigern beflissen sind. Mit dem Beginn des Wanderlebens Nānak's jedoch hören die gemeinsamen Berührungspuncte fast ganz auf und die ältere und neuere Tradition gehen ganz verschiedene Wege, die sich absolut nicht vereinigen lassen. Dies beweist hinreichend, dass darüber nicht viel bekannt oder nicht viel zu sagen war, wie aus dem alten Janam Sākhī deutlich hervorgeht. Die spätere Sage, welche eine Kenntniss aller einzelnen Lebensumstände Nānak's zu haben vorgibt, sah sich daher gezwungen, einen Gewährsmann für ihre Angaben in Bhāī Bālā aufzustellen, welcher der beständige Begleiter Nānak's gewesen sein soll, während das ältere Janam-sākhī auch nicht einmal seinen Namen erwähnt, sondern ganz andere Begleiter Nānak's bei seinen verschiedenen Wanderungen namhaft macht.

Wir wollen nun hier kurz zusammenstellen was das ältere Janam-sākhī über Nānak's weiteren Lebensgang zu sagen weiss.

Seine erste Wanderung soll er nach dem Osten gemacht haben; dort soll er zu einem Shēkh Sajan gekommen sein, der für Hindūs einen Tempel und für Muhammedaner eine Moschee gebaut hatte. Er nahm alle, die zu ihm kamen, freundlich auf, ermordete sie jedoch im Schlafe und raubte ihr Gut. Nānak durchschaute ihn und hielt ihm sein Sündenleben vor, was ihn zur Busse und Umkehr von seinen Wegen gebracht haben soll. In Dillī soll er einen todten Elephanten wieder lebendig gemacht haben. Als aber der damalige Mugul Kaiser, der davon hörte, Nānak aufforderte, den Elephanten zu tödten und in seiner Gegenwart wieder lebendig zu machen, lehnte er dies klugerweise ab. Auch Thags (Räuber), denen er auf dem Wege begegnete, soll er durch seine Festigkeit zur Busse gebracht haben. Andere kleine Abentheuer, die er gehabt haben soll, sind so kindisch und nichts sagend, dass sie der Erwähnung nicht werth sind. Bei der Eroberung von Sayyidpur soll er von Bābar's-Truppen zum Gefangenen gemacht und mit weggeführt worden sein. Er soll aber durch ein Wunder, das an ihm (nicht durch ihn) geschah, die Aufmerksamkeit Bābar's auf sich gezogen haben, der ihn ehrenvoll behandeln liess und sammt den Gefangenen wieder in Freiheit sezte. Da Bābar den Panjāb im Jahre 1524 eroberte, so ist ein persönliches Zusammentreffen Nānak's mit dem Amīr Bābar nicht unmöglich, aber sehr unwahrscheinlich. Er spricht im Granth mehrere Male von den schweren Unglücksfällen, welche damals über einzelne Städte des Panjāb kamen; auch Bābar wird erwähnt, aber nie darauf angespielt, dass Nānak persönlich mit ihm in Berührung gekommen sei.

Die Zusammenkünfte und Wortgefechte mit anderen Faqīrs und Shēkhs, die so ausführlich geschildert werden, haben zwar alle Wahrscheinlichkeit für sich, sind aber in anderer Hinsicht ohne jegliche Bedeutung, ausser dass sie einen Wink über die innere Entwicklung Nānak's geben. Nach längerem Umherwandern (die Zeitdauer ist nicht angegeben) zog sich Nānak wieder in seine Heimath Talvandī zurück.

Sein unruhiger Geist trieb ihn aber bald auf die zweite Wanderung, welche diesmal nach dem Süden ging. Auch die Erlebnisse dieses Zeitraumes schwinden auf ein minimum zusammen. Dass er dabei nach Ceylon (Singhala dvīpa) gekommen sein sollte, wie erzählt wird, ist höchst unwahrscheinlich. Die ganze Geschichte ist so ins wunderbare verzerrt, dass sie den Stempel der Unwahrheit auf der Stirne trägt. Sie beruht auf durchaus unrichtigen Voraussezungen, indem der König und die Einwohner von Ceylon als gewöhnliche Hindūs geschildert werden, da der Sikh Verfasser offenbar gar keine Ahnung davon hatte, dass dort der Buddhismus allgemeine Volksreligion war. Dass Nānak selbst dort eine Sangat (Gemeinde) gestiftet haben soll, deren Gottesdienstordnung sogar beschrieben wird, widerspricht aller Geschichte und ist nur eine Reminiscenz späterer Zeiten, wo der Sikhismus auch gegen den Süden hin sich zu verbreiten anfing. Auch von dieser zweiten Reise soll Nānak wieder nach Talvandı zurückgekehrt sein, und einige Zeit zu Hause zugebracht haben.

Dann trat er seine dritte Wanderung nach dem Norden an, wo er besonders Kashmīr besucht haben soll, was an und für sich nicht unwahrscheinlich ist.

Auf dieser Reise soll er die (sonst giftigen) Früchte und Blüthen des Akk-Baumes in einem getrockneten Zustande gegessen haben. Bemerkenswerthes wird von dieser Reise nichts erwähnt, als dass er mit einem Kashmīrī Pandit eine längere Unterredung hatte, die damit endigte, dass er Nānaks Schüler wurde. Sein Besuch auf dem Berge Sumēru, wo er mit Mahādēva und den Häuptern der Jōgīs eine lange Unterredung gehabt haben soll, gehört natürlich ins Reich der Fabel.

Seine vierte Wanderung soll er nach Westen gemacht haben, indem er auf einer Pilgerreise nach Mekkah gieng. Als er bei Mekkah angekommen war, legte er sich nieder und streckte seine Füsse zufällig gegen die Ka҂bah. Der Kāzī Ruknuddīn, der dies bemerkte, machte Nānak Vorwürfe über diese Unehrerbietigkeit. Nānak erwiederte ihm: lege meine Füsse nach der Richtung, wo das Haus Gottes nicht ist. Der Kāzī drehte die Füsse Nānak's um, aber wohin er sie auch drehte, dahin richtete sich auch die Ka҂bah. Auf dieses Wunder hin küsste der Kāzī Nānak die Füsse und hatte eine lange Unterredung mit ihm, in der er selbstverständlich den Kürzeren zog. Diese Hajj Nānak's ist in ein Lieblingsthema bei den Sikhs und über die Unterredung Nānak's mit dem Kāzī Ruknuddīn ist ein ganzes Buch geschrieben worden, das मके दी गोसटि¹) genannt und von den Sikhs eifrig gelesen wird. Es scheint ihnen in ihrer Leichtgläubigkeit und ihrem gänzlichen Mangel an geographischen und historischen Kenntnissen nie ein Zweifel über die Wirklichkeit der Hajj Nānaks aufgestiegen zu sein, obgleich es auf der Hand liegt, dass die ganze Geschichte von Anfang bis zu Ende erfunden ist.

Die fünfte Wanderung Nānak's soll nach Gōrakh-haṭarī gegangen sein, ein in der Geographie bis jetzt unentdeckter Ort. Es wird auch von dieser Reise nichts weiter berichtet als eine Unterredung mit den 84 Siddhs²), die ebenfalls in das Reich der Phantasie gehören.

Sein Leben beschloss Nānak in Kartārpur im Jalandhar Duāb, im Schoosse seiner Familie, mit der er sich wieder befreundet zu haben scheint, obschon alle Janam-sākhīs darüber ein tiefes Stillschweigen beobachten und nur das nakte Factum erwähnen. Als er seinen Tod herannahen fühlte, ernannte er, zum grossen Verdruss seiner beiden Söhne, seinen ergebenen Diener und Schüler Angad zu seinem Nachfolger in der Guruschaft. Von seinem Ende wird noch besonders erwähnt, dass die Mahammedaner, die seine Schüler geworden waren und um sein Lager herumstanden, sagten: „wir wollen ihn begraben", die Hindūs dagegen: „wir wollen seinen Leichnam verbrennen." Nānak aber befahl: „leget Blumen zu meinen beiden Seiten, auf die rechte die der Hindūs und auf die linke die der Musalmānen. Wenn die Blumen der Hindūs bis morgen grün bleiben, so sollen sie mich verbrennen, wenn aber die der Musalmānen grün bleiben, so sollen sie mich begraben." Dann forderte er seine Schüler auf, Slōks zum Lobe Gottes zu singen. Als die

---

1) Die Unterredung von Mekkah.
2) Die Siddhas (die Vollkommenen) sind eine Art Halbgötter, welche mit den Vidyādharas und Munis die Räume zwischen Sonne und Erde bewohnen.

Slōks beendigt waren, zog er seine Füsse hinauf und schlief ein. Als sie das Tuch, womit er bedeckt war, aufhuben, war nichts darunter. Die Blumen beider Partheien blieben grün und so nahmen die Hindūs und Musalmānen ihre Blumen und gingen heim. Nānak wurde absorbirt im Samvat Jahre 1595, am zehnten der lichten Hälfte des Monats Asū (A. D. 1538, c. 10. Oct.)[1]

Dies ist so ziemlich Alles, was uns diese älteste Quelle über die Lebensumstände Nānak's zu bieten weiss. Es ist ein äusserst dürftiges Lebensbild, das, mutatis mutandis, auf jeden Hindū Faqīr passen dürfte und das unser Interesse nur in geringem Grade in Anspruch zu nehmen geeignet ist. Wäre mehr von Nānak zu sagen gewesen, so dürften wir überzeugt sein, dass seine devoten Schüler, die in ihm den Erlöser der Welt verehrten, es gewiss nicht verschwiegen hätten. Die späteren Janam-sākhīs, denen dieses Bild von Nānak zu gering erschien, haben zwar durch allerlei wunderbare Erzählungen nachzuhelfen versucht, allein sie können gegen die ältere Tradition nicht in Betracht kommen.

Wir haben jedoch im Granth an den eigenen Versen Nānak's ein weiteres und viel sicheres Material, seinen Charakter und Geistesrichtung kennen zu lernen. Nānak hat seine Gedanken in Hinduī Versen niedergelegt, die zusammen einen nicht unbeträchtlichen Theil des voluminösen Sikh Granth ausmachen. Das Bild, das wir daraus von ihm gewinnen, stimmt im allgemeinen ganz mit dem, das uns die ältere Tradition zeichnet. Seine Verse, die immer bei jedem Rāg die erste Stelle einnehmen und sorgfältig als solche bezeichnet sind, sind nach Sprache und Inhalt mittelmässig zu nennen. Die Diction ist häufig unlogisch, der Gedankengang schleppend und sich oft wiederholend, dabei nicht selten dunkel und verworren, ja manchmal kaum mehr als ein Wortgeklingel. Unter all den Schriftstücken, die das Granth enthält, sind die von Nānak selbst herrührenden, mit wenigen Ausnahmen, so ziemlich die unbedeutendsten, was sich aus seinem Lebensgange leicht erklärt. Er war ein Mann

---

[1] Die späteren Janam-sākhīs geben das Samvat Jahr 1596 an, mit demselben Monatsdatum.

ohne alle wissenschaftliche Schulbildung[1]) und im Denken nicht geübt, daher die ermüdende Breite und Weitschweifigkeit seines Ausdrucks. Auch sein religiöses System, wenn man es so nennen darf, ist nicht originell, sondern in allen wesentlichen Punkten ganz dasselbe, was vor ihm Kabīr und andere schon auseinandergesezt hatten. Dass Nānak bei den älteren Bhagats in die Schule gegangen ist, geht schon aus dem einfachen Umstand hervor, dass ein nicht unbedeutender Auszug aus den Schriften von Kabīr, Ravidās, Trilōčan etc. dem Granth, gleichsam als loci probantes, einverleibt worden ist. An Schärfe und Kühnheit der Gedanken stehen diese Bhagats jedenfalls weit über Nānak und seinen Nachfolgern, und ihre Stanzen bilden eine wohlthuende Erholung gegen die langweiligen und trivialen Versificationen der Sikh Gurus, die den alten Knochen immer wieder aufs neue benagen.

Was den Charakter Nānak's betrifft, so war er, allen Anzeichen nach, mild, freundlich und mitleidig, und da er von einem heiligen Eifer beseelt war, das in den tiefsten Aberglauben versunkene Volk zur Verehrung des Einen höchsten Wesens zurückzurufen, so dürfen wir uns nicht wundern, wenn der einfache, ungelehrte Faqīr in seinem grotesken Aufzug[2]) die Aufmerksamkeit des Volkes auf sich zog, der sich mit unerschütterlichem Selbstvertrauen für den wahren Guru erklärte, der die, welche sich seiner Leitung anvertrauen wollten, über den Ocean der individuellen Existenz hinüberzuführen versprach.

Nānak's eigene Worte, wie sie uns im Granth vorliegen, beweisen auf's klarste, dass es ihm nicht in den Sinn gekommen ist,

---

[1] Dies wird von den Sikhs selbst zugestanden. So heisst es (Sikhā̃ dī rāj dī vithiā, p. 15):
बाबा नानक कुछ बहुत विदिआ पढ़िआ नहीं सा निरा किसी साध दे सतसंग दे तिस नूं परमेसुर दे भजन दा ही प्रेम जाग उठिआ सा: „Būbā Nānak hatte nicht viel Wissenschaft gelesen, nur aus dem Umgang mit einem gewissen frommen Manne (wer war der?) war in ihm die Liebe zur Verehrung des höchsten Herrn erwacht."

[2] Sein grotesker Aufzug wird bei jeder Wanderung ausführlich beschrieben.

eine eigene Religion stiften zu wollen. Wie andere Bhagats vor ihm sammelte er zwar Schüler (Sikhs), aber er muthete ihnen nichts zu, was nicht jeder rechtgläubige Hindū ebenso gut hätte thun können; seine Schüler bildeten nur eine der vielerlei Denominationen, in welche die Hindūs gespalten waren, ohne darum aufzuhören, Hindūs zu sein.

Die englischen Schriftsteller (wie Malcolm, Sketch of the Sikhs, Mac Gregor, History of the Sikhs, Cunningham, History of the Sikhs), welche die Lehre Nānaks berührt haben, stellen sie als einen **moralisirenden Deismus** dar, ohne auf das System näher einzugehen. Auch H. H. Wilson (Sketch of the religions sects of the Hindūs) hat die Sache sehr vorsichtig angefasst und mit einigen kurzen Bemerkungen abgethan, aus denen wenig zu entnehmen ist, doch hat er der Wahrheit tiefer auf den Grund geschaut, als die erwähnten Schriftsteller. Wurm, in seiner Geschichte der indischen Religion (Basel, 1874) hat nur das von Wilson bemerkte wiederholt (p. 289, sqq.). Auf die Quelle selbst ist keiner zurückgegangen, da bisher das Sikh Granth allen (auch Cunningham nicht ausgeschlossen) ein verschlossenes Buch war. Wir wollen daher hier kurz die Hauptmomente seiner Lehre zusammenstellen, wie sie sich aus dem Granth ergeben.

Nānak war kein speculativer Philosoph und hat darum auch kein fest gefügtes System ausgebildet; seine Ideen finden sich hin und her im Granth zerstreut und müssen erst mit Mühe zu einem übersichtlichen Ganzen zusammengetragen werden. Da die Vorgänger Nānak's, hauptsächlich Kabīr, der Vaishnava Secte angehörten, so hat er auch ihre theologischen Begriffe und Definitionen sich angeeignet, so weit sie für ein populäres Religionssystem taugten.

Das **höchste Wesen**, das er mit verschiedenen Namen bezeichnet, wie: Brahm, Paramēsur (der höchste Herr), Gōvind und besonders Hari (= Vishnu), ist nach ihm **Eines**. Es ist der Urgrund aller Dinge und allein wirklich existirend (सत), unerschaffen (अजूनीसंभं) und zeitlos (अकालु); es enthält in sich alle Eigenschaften und ist zugleich ohne alle Eigenschaften, formlos, daher unerforschlich (selbst für die Götter) und unbeschreibbar (JapJī V. 23. 24. 26). Dieses höchste Wesen wird der Schöpfer (करता oder करतारु) genannt, aus dem alles, was ist, seinen Ursprung hat. Die Schöpfung ist aber nicht aus nichts gemacht, sondern sie ist vielmehr die Expansion des Absoluten in eine Vielheit (daher पसारा, die Expansion genannt). Ein bestimmter Zweck wird dabei nicht erwähnt, sondern sie wird ausdrücklich ein Spiel (खेल) des Absoluten genannt, das sich nach seinem Vergnügen expandirt und auch wieder contrahirt, so dass alles Geschaffene wieder in dasselbe absorbirt wird. Das Endliche, Geschaffene, hat darum nur eine scheinbar reale Existenz; es ist die Māyā oder Täuschung, die das Absolute ausgebreitet hat, welche die lebenden Wesen zu der falschen Vorstellung von ihrer realen Sonderexistenz verführt; denn in der That existiren nicht sie, sondern nur das Absolute in unendlich verschiedenen Formen. Es wird daher eine Unendlichkeit von Welten angenommen, die, wie ein Spielzeug, kommen und vergehen (JapJī, V. 22. 27. Rāg Āsā, Sabd 12, 1. Pause).

Es braucht kaum bemerkt zu werden, dass dieser Gottesbegriff ein pantheistischer ist, wie auch der Kabīr's und der anderen Bhagats. Die Hindū-Denkweise fasst im Absoluten Geist und Materie zusammen, da eine Schöpfung der Materie aus nichts ihr rein unfasslich ist. Die im Absoluten gesezte Materie ist nicht die grob sinnliche, sondern die rein atomische (सूखम), die erst durch die Expansion des Absoluten in Folge der unendlichen Atomenverbindung die grob sinnliche Gestaltung erhält. Gott ist also die absolute, durchgeistete Substanz oder die alles erfüllende Weltseele, wie er oft genannt wird (जगतजीव). Nichts destoweniger wird das Absolute nicht mit dem Endlichen als solchem identificirt. Gott ist in allem, erfüllt alles und ist doch wieder von dem Endlichen geschieden, wie der Lotus, der in einem Wasserteiche steht, von dem ihn umgebenden Wasser verschieden ist.

Dass ein so gefasstes Absolutes kein selbstbewusster, sich selbst sezender und nach freiem Willen handelnder Geist sein kann, scheint ihm nicht in den Sinn gekommen zu sein. Nach den stärksten pantheistischen Definitionen wird Gott wieder als Persönlichkeit gefasst, der alles lenkt und regiert und bis ins kleinste erhält und zu der sich der Mensch in ein persönliches Verhältniss zu sezen sucht. Dieser Widerspruch geht durch das ganze System hindurch; es ist eine natürliche Reaction des Herzens gegen den Kopf, so lange es noch das Bedürfniss nach persönlicher Gemeinschaft mit einem göttlichen, über ihm stehenden Wesen in sich trägt. Es ist ein pantheistischer Theismus, an dem bald die eine, bald die andere Seite stärker hervorgekehrt wird, ohne den inneren Widerspruch vermitteln zu können.

Es wäre nun ganz unrichtig anzunehmen, wie manche gethan haben, dass Nānak auf Grund der Einheit des göttlichen Wesens allen und jeden Gözendienst verworfen habe. Dem ist keineswegs so. Er hat sich mit der Volksreligion nicht in Widerspruch gesezt, vielmehr das ganze Hindū Pantheon mit herübergenommen, nur dass es dem Brahm, als dem Urgrunde, untergeordnet wurde. Die Anbetung der Volksgötter wurde nicht direct verworfen, aber sie erhielten eine untergeordnete Stellung, die ihre Göttlichkeit und Macht einschränkte, ihren Dienst daher als minder wichtig, ja für die Erreichung des höchsten Zieles der Menschheit, als nuzlos erscheinen liess.

Es ergiebt sich von selbst aus dem bemerkten, wie unrichtig die Behauptung ist, dass Nānak den hindū und muhammedanischen Gottesbegriff zu verbinden gestrebt habe. Nānak ist nach all seinen Anschauungen durchaus ein Hindū geblieben, und wenn sich auch Muhammedaner an ihn, als ihren Guru oder Pīr angeschlossen haben, so kommt das daher, dass der Sūfīsmus, zu dem sich diese bekannten, seinem Grundwesen nach ein direct aus hindū Quellen abstammender Pantheismus war, der sich aus Indien durch die muhammedanische Welt verbreitete. Hindū und muhammedanische Pantheisten konnten sich wohl vereinigen, da sie denselben Gottesbegriff theilten und die Muhammedaner konnten das Beiwerk der hindū Mythologie wohl entbehren, auf welche die hindū Philosophen selbst keinerlei Werth legten.

Dieser Gottesbegriff geht durch das ganze Granth hindurch und auch die späteren Sikh Gurus haben daran im wesentlichen nichts geändert, nur dass der eine oder andere noch eine specielle Gottheit besonders verehrte, wie von Guru Arjun bekannt ist, dass er ein besonderer Krishna-Verehrer, und von Guru Gōvind Singh, dass er ein besonderer Dēvī-Verehrer gewesen ist.

Anders freilich verhält es sich mit dem gemeinen Volke, das sich in solche Höhen der Speculation nicht zu versteigen pflegt. Das gemeine Sikh Volk hat allerdings nach und nach, wohl durch den Einfluss des Islām, die Idee von der Einheit Gottes stark erfasst und practisch die Verehrung der hindū Götter aufgegeben, ohne deren Realität zu läugnen, so dass man in späteren Zeiten die Volksreligion der Sikhs leicht als identisch mit dem muhammedanischen Deismus auffassen konnte. Der Pantheismus ist nie und nirgends Volksreligion geworden, nicht einmal in Indien, und troz der Definitionen des Granth, die nur wenige Eingeweihte verstunden, hat sich das Volk wieder einen persönlichen, frei waltenden und alles nach seinem Sinn und Zweck ordnenden Gott construirt, wie es ihn nach innersten Bedürfnissen haben musste. Manche, selbst gebildete Sikhs, waren ganz erstaunt, als ich ihnen das Gegentheil aus dem Granth bewies und wussten gar nicht, was sie dazu sagen sollten.

Die weitere Frage nun wäre: wie fasst Nānak das Verhältniss des Menschen zum höchsten Wesen auf?

Dass die Welt factisch im Argen liegt, konnte und wollte auch er nicht bestreiten; er fasste ja seine Mission dahin auf, dass er den Menschen den Weg zeigen wollte, aus diesem Elend herauszukommen.

Was ist nun die Sünde und wie ist sie in die Welt hereingekommen? Nach seinem pantheistischen Gottesbegriff kann die Sünde nicht die selbst bewusste That des Menschen sein, sondern sie muss ihren Ursprung im Absoluten selbst haben, und so wird die Sache in der That auch dargestellt. Alles Geschaffene oder vielmehr Expandirte ist von drei Eigenschaften (गुण) durchdrungen, dem Satva (सतो = सत्व), Rajas (रजो) und Tamas (तमो), d. h. den Eigenschaften der Güte, der Leidenschaft und der Finsterniss. Diese Eigenschaften waren ursprünglich gleichmässig gemischt und in Harmonie; durch das Ausbreiten der Māyā (Täuschung) über alles Geschaffene jedoch sind sie in Unordnung gerathen und dadurch ist die Sünde oder vielmehr die Verdüsterung entstanden, dass die geschaffenen Wesen in den Dualismus hineingerathen sind, so dass sie in verkehrtem Egoismus von dem Absoluten sich abwandten und ihre Identität mit demselben nicht mehr erkannten. Die Sünde ist also wesentlich etwas cosmogonisches, ein anerschaffener Naturfehler, nicht eine selbstbewusste That des einzelnen, für die er eine moralische Verantwortung zu tragen hätte.

In Folge dieses Widerstreites der drei anerschaffenen Eigenschaften und des daraus resultirenden Dualitätsbewusstseins kann die Seele nicht unmittelbar den Weg zu Gott zurück finden. In ihrem falschen Individualitätsbewusstsein begeht sie Handlungen, welche absolut eine Frucht nach sich ziehen und die Seelenwanderung zur Folge haben [1]):

Die menschliche Seele nämlich ist Licht (जोति) aus Licht, eine scintilla animae divinae, die aus dem Absoluten hervorgegangen und an sich unsterblich ist. Solcher Seelen sind ein für allemal 4 Lakhs (= 400,000) emanirt, die nicht mehr noch weniger werden, wie überhaupt die ganze Schöpfung auf 84 Lakhs (ein Lakh = 100,000) von Existenzformen festgesezt ist, nämlich 9 Lakhs Wasserthiere (जलचर), 17 Lakhs feststehende Gegenstände (wie Bäume etc. स्थावर), 11 Lakhs Gewürm (किरम = कृमि), 10 Lakhs

---

1) S. Rāg Āsā, Sabd 140, 2. 142, 3.

Geflügel (पखी = पक्षी), 23 Lakhs vierfüssige Thiere (चौपाया) und 4 Lakhs Menschen. Die Aufgabe und das Endziel der menschlichen Seele als eines göttlichen Lichtfunkens ist, mit der Quelle des ewigen Lichtes wieder vereinigt, in ihm absorbirt zu werden; so lange sie dieses Ziel nicht erreicht hat, ist sie von Gott getrennt und unglücklich. Warum oder wozu sie aus dem Absoluten emanirt ist, wird nirgends gesagt, es fällt vielmehr auch dieser Process unter den Begriff „des Spiels" (खेल). Diese Rückkehr in das ewige Licht aber ist ihr versperrt durch die Seelenwanderung, in die sie nothwendigerweise hineingerathen muss.

Hier liegt wieder ein tief gehender Widerspruch des ganzen Systems. Der Mensch wird als eine hilflose Creatur (बपुड़ा) geschildert, ja es wird ihm, ganz consequent nach den pantheistischen Praemissen, die Freiheit des Willens abgesprochen; das im Menschen handelnde Princip ist nicht er selbst nach seiner freien Willensentscheidung, sondern das Absolute, das auch darinnen sein Spiel treibt. Der Begriff von „Tugend" in unserem Sinne des Worts ist daher dem Hindūismus, und so auch Nānak, ganz fremd; jede Handlung vollzieht sich nach einem ausserhalb des Menschen liegenden Gesez. Dies führt nothwendigerweise auf ein decretum absolutum, was auch ausdrücklich anerkannt wird. Aber nichts destoweniger muss der arme hilflose Mensch die Früchte seiner Handlungen essen; obgleich sein Loos von Ewigkeit her ihm auf die Stirne geschrieben ist, zieht doch eine jede Handlung ihre Belohnung oder Bestrafung nach sich und sein jeweiliges Schicksal auf Erden ist immer die Folge von Handlungen, die er in einer früheren Geburt begangen hat, obschon er sich derselben nicht mehr erinnern kann. Hat er hier verdienstliche Werke gethan, so kommt er in den Himmel (oder das Paradies), wo er die Früchte davon geniessen darf, bis sie erschöpft sind; dann muss er wieder in den Kreislauf der Seelenwanderung als Mensch zurück. Hat er dagegen strafbare Handlungen begangen, so kommt er entweder in die Hölle, wo er seine Schuld abbüssen muss; ist dies geschehen, so beginnt für ihn der Kreislauf durch die 8,400,000 Existenzformen hindurch, bis er wieder Mensch wird; oder er geht in eine niedere Existenzform über, wie die der Thiere etc., bis er wieder zur menschlichen Geburt emporsteigt[1]).

Die Seelenwanderung (das Gehen und Kommen) erscheint dem Inder als der Uebel grösstes und die Frage, die ihn sein Leben lang beschäftigt, ist, wie man ihr entrinnen könne? Sein Ziel ist nicht der Himmel oder das Paradies[2]): denn auch da darf er ja nur für eine bestimmte Zeit bleiben, sein Ziel ist die Auflösung seiner individuellen Existenz, die Reabsorption in das Absolute, das Nirbāṇ (nirvāṇa), wodurch alle fernere Dualität für immer aufgehoben ist.

Das Nirvāṇa, das Freisein von der individuellen Fortexistenz, war bekannterweise das Ziel, das Buddha in seiner Predigt dem Volke vorhielt. Der Buddhismus ist im Laufe der Zeit von der indischen Halbinsel vertrieben worden, aber er taucht wieder, wenn auch mit brahmanischer Mythologie umgeben und auf eine pantheistische Unterlage gestüzt, in seinen höchsten Zielen in den reformatorischen Bestrebungen der nachfolgenden Jahrhunderte auf. Kabīr, Trilōčan, Ravidās, Nāmdēv etc., und nach ihnen Nānak und seine Nachfolger wollen ebenfalls den Weg zum Nirbāṇ zeigen, wie

---

1) So sagt scherzend Kabīr (Slōks am Ende des Granth V. 108):

हरि का सिमरनु छाडिकै अहोई राखै नारि ॥
गदही होइकै अउतरै भार सहै मन चारि ॥

„Kabīr (sagt): aufgebend die Erinnerung an Hari hält die Frau das Ahōī-Fasten. In eine Eselin verwandelt wird sie wieder geboren und trägt die Last von vier Maunds (= 320 g)."

2) So sagt Nānak, Rāg Āsā, Sabd 38, 3:

गुर की साखी अमित बाणी पीवतही परवाणु भइआ ॥
दर दरसन का प्रीतमु होवै मुकति बैकुंडै करै किआ ॥

„Das Zeugniss des Guru ist eine Nektarrede, wer sie trinkt, ist vollkommen geworden. Wer den Besuch des Thores (Hari's) liebt, wird emancipirt, was soll er im Paradies thun?"

es Buddha seiner Zeit verheissen hatte, nur ist das Mittel, das sie dazu vorschlagen, ein anderes.

Im Kali-yuga verkündigt Nānak, wie Kabīr, ist der Name Hari's das einzige Rettungsmittel, um zur vollen Emancipation zu gelangen. Ascese, Mönchsleben, Baden an heiligen Pläzen, Almosengeben etc. erwerben zwar dem Menschen wohl Verdienste, aber zur Emancipation sind sie alle nicht hinreichend.

Wie ist aber der Name Hari's zu erlangen? Dieser kann nur vom wahren Guru (सति गुरु) erlangt werden, der allein die rechte Einweihung kennt und das mantra des Namens Hari's mittheilen kann. Der Guru gibt wiederum den Namen Hari's nur denjenigen, auf denen Hari's gnädiger Blick ruht und denen es von Anfang an bestimmt ist. Also auch hier wieder eine absolute Praedestination, obschon der Mensch auf der andern Seite beständig aufgefordert wird, sich dem wahren Guru anzuschliessen, die Freiheit seiner Willensentschliessung also wieder vorausgesezt wird.

Man würde nun erwarten, dass Nānak irgend einen Beweis vorbringen werde, dass er der wahre, von Hari verordnete Guru sei. Im Janam-sākhī wird zwar auf eine solche feierliche Installirung als Guru hingewiesen, Nānak selbst aber spricht im Granth nicht ein einziges Mal davon, dass und wie ihm die Guruschaft übertragen worden sei: dies wird überall nur vorausgesezt. Die nachfolgenden Gurus berufen sich in ihrem Theil wieder auf Nānak, der eine successive Einweihung angeordnet habe.

Der Guru ist also der einzige und unfehlbare Weg zur vollen Emancipation; er ist der Mittler zwischen Hari und den Menschen; er ist das Boot, das die Menschen über den Ocean der Existenz hinüberführt. Religiöse Werke haben nur insofern einen Werth, als sie auf den Gehorsam gegen den Guru basirt sind.

Der Schüler hat sich der Leitung seines Guru bedingungslos zu übergeben; Kopf und Besizthum hat er ihm zu opfern. Um die Unterwürfigkeit gegen den Guru recht tief einzuprägen, wird er als Haushalter Hari's, als sein kaufmännischer Commissionär, dargestellt, der über Hari's Güter und Schäze zu verfügen hat.

Was der Guru thut, das approbirt Hari; wen der Guru mit Hari in Verbindung bringt, der ist und bleibt vollständig emancipirt. Ja der Guru besizt sogar eine magische Kraft; wie der Stein der Weisen alles, was er berührt, zu Gold macht, so gestaltet auch der Guru alle, die mit ihm in Berührung kommen, völlig um. Nicht nur die gröbsten Sünder werden durch ihn rein gewaschen, sondern seine erlösende Kraft erstreckt sich auch auf ihre Familienangehörigen, die durch ein vom Guru acceptirtes Mitglied ebenfalls der Emancipation (offenbar auf magische Weise) theilhaftig werden.

Das, was der Guru dem Schüler zum Zwecke seiner Emancipation beizubringen hat, läuft auf wenige magere Säze hinaus.

Das erste ist, dass der Schüler fortwährend den Namen Hari's murmelnd nenne (जपु) und seine Eigenschaften preise. Dann soll er sein eigenes Ich, i. e. sein Individualitätsbewusstsein wegschaffen und vernichten und sich als identisch mit Brahm betrachten. Dies geschieht durch die Instruction des Guru, die aber nirgends im Granth nach ihrem weiteren Inhalt ausgewickelt wird. Der Guru sucht zwar eine gewisse Geheimnissthuerei um sich zu verbreiten, aber man sieht leicht, dass das alles nur Schein ist. Er weiss in der That, wie das ganze Granth bezeugt, den Schüler nichts höheres zu lehren als den Saz: sō ham, „der bin ich", d. h. ich bin identisch mit dem Absoluten. Als Beihilfe zur Erlangung dieser alle individuelle Sonderexistenz austilgenden Weisheit wird tiefe, von allen äusserlichen Objecten abstrahirende Meditation über Hari und den Guru empfohlen. Religiöse, verdienstliche Werke, die einer niederen Erkenntnissstufe angehören, sind für den Schüler, der das Boot des Guru bestiegen hat, nicht mehr nothwendig, und wenn er Werke thut, muss er sie mit indifferentem Sinne thun, ohne Wunsch und Hoffnung, das Verdienst derselben einzuärnten, der Schüler muss es dahin bringen, dass er vollständig hoffnungslos (निरास), in der Welt dasteht, dass er stirbt, während er noch lebt, und nur in Hari versunken ist; so wird er schon emancipirt, während er noch am Leben ist.

Die Trias von religiösen Werken, die schon Nānak erwähnt,

nämlich: नाम, दान, इस्नान (den Namen Hari's murmeln, Almosen geben, Ablution) vermag dem Mangel aller und jeder ethischen Vorschriften, die in diesem System eigentlich gar keinen Plaz finden können, nicht abzuhelfen. Von der abgöttischen Verehrung der Kuh dagegen, wie sie später unter den Sikhs, gleichsam als Surrogat für den Wegfall jedes äusserlichen Objects der Verehrung (ausser des Granth's selbst) aufgekommen ist, ist im Granth noch keine Spur zu finden.

Die hohe Stellung, welche der Guru für sich in Anspruch nahm, musste nothwendigerweise zu einer Vergötterung desselben führen, und wenn sich auch noch Nānak bescheiden als einen elenden Sünder bekannte, so scheuten sich doch bald die folgenden Gurus nicht mehr, den Guru geradezu mit dem höchsten Wesen zu identificiren[1]). Die Folge davon war eine Menschenvergötterung, wie sie kaum je dagewesen ist. Hab und Gut, Leib und Leben wurde dem Guru zum Opfer gebracht in einer Weise, die oft unser moralisches Gefühl empört. Es war daher ein grosses Glück für die freiere und reinere Entwicklung der Sikh Gemeinschaft, dass mit dem zehnten Guru Gōvind Singh die Guruschaft ganz in Abgang kam.

Man sieht aus dem Gesagten, wie unrichtig es ist, wenn man den Sikhs eine sublime Moral hat andichten wollen, wie das Cunningham gethan hat; man muss sich vielmehr darüber wundern, dass unter einer solchen Instruction ihr gesunder Sinn ihnen nicht ganz abhanden gekommen ist. Mit solchen Vorschriften hätten die Schüler Nānaks unfehlbar brütende Mönche werden müssen, die, der Welt absagend, sich in enge klösterliche Gemeinschaften eingeschlossen hätten, wie andere vor ihnen gethan hatten, wenn nicht Nānak, durch seine vielfachen Streitigkeiten mit den Jōgīs und durch seine persönliche Erfahrung von der Nichtswürdigkeit der Bettelmönche dazu veranlasst, seinen Schülern befohlen hätte, nicht aus der Welt auszutreten, sondern im gewohnten bürgerlichen Leben zu verbleiben. Dies ist das einzig gesunde, was wir in dieser Hin-

---

1) Cf. Rāg Asū, Sabd 134, 3. 4.

sicht seiner Lehre nachrühmen können, und diesem Umstand allein ist es auch zuzuschreiben, dass die Sikhs nicht eine engherzige Secte geworden sind, sondern sich nach und nach zu einem politischen Gemeinwesen entwickelt haben.

Er lehrte, dass man auch als Haushalter (गिसत्ती) und im Geschäftsleben dennoch gegen die Welt indifferent sein (उदास) und zur vollen Emancipation durchdringen könne; es komme nicht auf die äusseren Umstände an, in der sich Jemand befinde, sondern auf die innere Herzensstellung. Die Schliche der Bettelmönche, ihre Verstellung und Heuchelei, ihr Neid und Geiz werden daher häufig im Granth geschildert und an den Pranger gestellt, wobei auch die Habsucht der Brāhmaṇen keineswegs geschont wird. Durch solches Treiben, sagt Nānak, komme man nicht aus der Seelenwanderung heraus, sondern werde nur tiefer in sie verstrickt.

Die Kaste hat Nānak nicht direct angegriffen, obschon er sie ziemlich geringschäzig behandelte, noch auch die Priesterrechte der Brāhmaṇen; aber auf der anderen Seite lehrte er, dass auf seinem Wege alle Kasten ohne Unterschied zur Emancipation gelangen können, was an früheren Beispielen nachgewiesen wird. Damit legte Nānak den Grund zu einer allgemeinen Volksreligion, indem er alle, auch die niedrigsten Kasten, als seine Schüler annahm und in ihnen die Menschenwürde anerkannte, und es war nur die lezte Consequenz, die Guru Gōvind zog, wenn er unter den Sikhs allen Kastenunterschied aufhob.

Die Schüler Nānak's hätten sich mit der Zeit gewiss wieder ebenso verloren, wie die vieler anderer Gurus, wenn er nicht für einen Nachfolger im Amte gesorgt hätte, der die Gemeinschaft zusammen hielt und weiter bildete. Die Wichtigkeit dieser successio episcoporum wurde bald erkannt und jeder folgende Guru liess sich es angelegen sein vor seinem Ende seinen Nachfolger zu bezeichnen. Dadurch erhielt die Sikh Gemeinschaft einen festen Kitt, zumal vom dritten Guru an die Nachfolge in der Familie erblich wurde, was wesentlich dazu beitrug, ihr Ansehen und ihre weltliche Macht zu erhöhen.

Nānak bestimmte zu seinem Nachfolger seinen ergebensten Diener
Lahanā oder Angad (A. D. 1538), ebenfalls ein Khatrī, wie Nānak selbst,
der hinreichende Beweise des sacrificium intellectus gegeben hatte.[1]) Die
Einweihung zum Amte eines Guru, die Nānak selbst vollzog, bestand
darin, dass er fünf Kupfermünzen (पैसा) vor Angad legte und sich
vor seine Füsse warf.[2]) Dieser Ritus wurde bei allen späteren Weihen
beibehalten, nur dass, wie man aus den späteren Janam-Sākhīs
sieht, zu den fünf Kupfermünzen noch eine Cocoa-Nuss (ललेर)
hinzugefügt wurde. Angad war nach Allem ein schwacher, unbedeutender Mann, ohne alle wissenschaftliche Vorbildung[3]), der in
dem Dorfe Khadūr (खडूर) am Biās, seinen Wohnsiz nahm. Die
wenigen Verse, die von ihm im Granth enthalten sind, sind nur
eine Repetition der Worte Nānaks und zudem meist trivialen Inhalts.
Mit Uebergehung seiner eigenen zwei Söhne ernannte er vor seinem
Tode (A. D. 1552) seinen treuesten Diener, der lange für ihn die
niedrigsten Dienste verrichtet hatte, Amardās (अमरदास) zu seinem
Nachfolger, der ebenfalls ein Khatrī war.[4])

Amardās, der dritte Guru, war ein stiller, frommer Mann, um

---

1) Man siehe darüber das Janam Sākhī 13 in meiner Einleitung zur Uebersezung des
Granth.
2) Die Worte im alten Janam-Sākhī lauten: तदह पैसे पंजि बाबै जी गुरू
अंगदजी अगै रखिकै पैरी पइआ: „Dann, fünf Paisā vor Guru Angad
legend, fiel der Bābā zu seinen Füssen." Später ist dieser Fussfall in eine Kopfbeugung
(मथा टेकणा) umgewandelt worden.
3) Es ist von ihm ausdrücklich bezeugt, dass er nicht lesen konnte. S. meine Einleitung
zum Granth, Janam-Sākhī 13.
4) Jeder Sikh Guru hiess sich in der officiellen Sprache (wie im Granth) einfach Nānak,
um sich dadurch als amtlichen Nachfolger Nānak's zu legitimiren. Zur Unterscheidung
der einzelnen Gurus wird महला पहिला (mahállā pahilā, erster Hof) etc. nach
der Reihenfolge, beigefügt. Erst später, als man anfing, Nānak als Avatār zu betrachten,
kam der Glaube auf, Nānak sei in jedem folgenden Guru incarnirt. In den Versen der
Sikh Guru selbst findet sich keine Anspielung darauf, nur die lobhudelnden Bhatts, deren
Panegyrica auf die Gurus am Ende des Granth angehängt sind, fangen an Nānak als
Avatār zu besingen.

den sich viele Schüler versammelten. Er lebte in dem Dorfe Gōvindvāl am Biās, wo er einen tiefen Brunnen anlegte, in dem 84 Stufen bis an den Rand des Wassers hinabführen. Obgleich ungelehrt war er intelligent und seine ziemlich zahlreichen Compositionen im Granth zeichnen sich durch Einfachheit und Klarheit aus. Er starb A. D. 1574, nachdem er, mit Uebergehung seines Sohnes Mōhan seinen Schwiegersohn Rāmdās, einen Khatrī von der Sōdhī Familie (सोढी) zu seinem Nachfolger ernannt hatte.

Rāmdās, der vierte Guru, aus dem Dorfe Gurūčakk गुरूचक्क gebürtig, verlegte seinen Wohnsiz nach dem Tode seines Schwiegervaters in sein heimathliches Dorf. Seine Einkünfte, die aus den freiwilligen Gaben der Schüler flossen, müssen schon beträchtlich gewesen sein: denn sie sezten ihn in den Stand, einen alten Teich prächtig zu restauriren und zu erweitern, in dessen Mitte er einen Tempel baute, den er Harimandar (हरिमंदर) nannte. Dem Teich selbst gab er den Namen Amritsar (अमितसर Nectarteich) und der sich darum erhebende Stadttheil wurde nach ihm zuerst Rāmdāspur genannt, später aber wurde der Name Amritsar auf die ganze rasch aufgeblühte Stadt ausgedehnt und der alte Name Gurūčakk gerieth in Vergessenheit. Dies war für die Befestigung des Sikhismus von der grössten Wichtigkeit: denn sie erhielten nun ein festes Heiligthum, wo die Schüler um den Guru jährlich einmal zusammenströmten und in dem Nectarteiche ihre Ablution vollzogen.

Rāmdās, obschon ohne alle wissenschaftliche Bildung, war ein bedeutender Mann, der auch schriftstellerisch sehr thätig war. Er hat viele Verse verfasst, die einen bedeutenden Theil des Granth ausmachen und wenn sie auch keine Originalität der Gedanken verrathen, doch zu den besseren Compositionen desselben gehören.

Er brachte seine Lebenstage in Frieden und Ruhe zu, da unter ihm die Organisation der Sikhs noch nicht so weit vorgeschritten war, um den Argwohn der muhammedanischen Regierung zu erregen. Er starb A. D. 1581, nachdem er seinen Sohn Arjun zu seinem Nachfolger ernannt hatte.

Bis auf Arjun, den fünften Guru, waren die Sikhs eine wenig zahlreiche und wenig beachtete Gemeinschaft gewesen, Arjun aber gab ihnen nun, nachdem sein Vater ihnen schon einen sichtbaren Centralpunkt ihrer Religionsübung verschafft hatte, durch Sammlung der Schriften seiner Vorgänger, denen er seine eigenen, überaus zahlreichen Compositionen, sowie Auszüge aus den Schriften der früheren Bhagats, besonders Kabīr's, beifügte, auch einen religiösen Codex, der schlechthin Granth (ग्रन्थ) oder Bibel genannt wurde. Dieses bildete nun fortan das Lehr- und Erbauungsbuch der Sikhs, und verdrängte nach und nach die Auctorität der Vīdas und Purānas, welche die ungelehrten Leute ohnehin nicht lesen noch verstehen konnten, während das Granth in ihrer Muttersprache zu ihnen redete. Aber Arjun traf noch eine andere Einrichtung, die für die Organisation der Sikh Gemeinschaft von der grössten Wichtigkeit war. Bisher bestanden die Einkünfte der Gurus nur aus gelegentlichen Geschenken, welche die Schüler freiwillig darbrachten, Arjun aber stellte eigene Agenten (sogenannte Masands[1]) auf, die von jedem Sikh nach seinen Mitteln eine kleine Steuer für den Unterhalt des Guru und die Besorgung der Gemeinschaftsangelegenheiten einhuben. Dadurch wurde der Guru auf der einen Seite in den Stand gesezt, einen Hof zu machen und immer eine Schaar von Anhängern um sich zu halten, auch durch die bedeutenden Geldmittel, die ihm zu Gebote stunden, seinen Einfluss, wo es nöthig schien, geltend zu machen, andererseits wurden die Sikhs dadurch an eine Art eigener Regierung gewöhnt und begannen sich als eine festgeschlossene und darum mächtige Parthei im Staate zu fühlen. Dieses Institut, so nüzlich es in politischer Hinsicht war, führte jedoch bald zu schweren Erpressungen, so dass der lezte

---

[1] Nach dem Dābistān (II, p. 271) ist das Wort eine Corruption von مَسْنَد (oder richtiger مَسْنَد) eine Stüze, auf die man sich lehnt, oder eine Person, auf die man sich stüzt; im Indisch-Persischen im Sinne von „Stellvertreter" gebraucht. Diese Bedeutung fehlt in Shakespear's Hindūst Distionary.

Guru Gōvind Singh auf die unablässigen Klagen der Sikhs hin dasselbe wieder aufheben musste.

Unter Guru Arjun, der ein energischer Mann nach allen Seiten hin war, nahmen die Schüler sehr zu und verbreiteten sich über das ganze Fünfstromland. Ueber die Ursache seines Todes, der im Jahre 1606 erfolgte, gibt es verschiedene Berichte. Die gewöhnliche Sikh Tradition (cf. Sikhā̃ dī rāj dī vithiā, pg. 31) ist, dass Guru Arjun seinen Sohn Hargōvind mit der Tochter von Čandū-sāh eines kaiserlichen Finanzbeamten im Panjāb habe verloben wollen, der jedoch die Parthie etwas verächtlich abwies. Daraus entstand eine Feindschaft zwischen beiden Familien. Čandū-sāh soll in Folge davon den Guru beim Hofe in Dillī angeschwärzt haben, so dass er nach Lāhōr vorgeladen und dort in schwerem Gefängniss gehalten wurde. Er soll endlich den Kaiser dazu überredet haben, denselben in eine rohe Kuhhaut einnähen und verbrennen zu lassen Als die Kuhhaut gebracht wurde, soll er sich die Gnade ausgebeten haben, noch vorher im Rāvī baden zu dürfen. Als ihm dies gestattet wurde, soll er in den Fluss gestiegen und darinnen verschwunden sein, so dass man troz alles Suchens seinen Leichnam nicht finden konnte. (A. D. 1606).[1]

Der Dābistān (II. p. 272) jedoch stellt die Sache anders dar. Arjun soll sich an der Rebellion Chusrau's, des Sohnes Jahāngīr's betheiligt und nach Niederwerfung derselben gefänglich eingezogen worden sein. Er wurde zur Bezahlung einer schweren Geldbusse verurtheilt, die er nicht erlegen konnte oder wollte. Er starb im Gefängniss in Folge der ihm wiederfahrenen Behandlung. Es ist kaum zu zweifeln, dass die Erzählung des Dābistān die richtige Ursache der Einkerkerung Arjun's angibt und dass die Sikhs ab-

---

2) Diese Tradition jedoch lässt sich schwer mit dem Factum vereinigen, dass Arjun's Grabmal auf der Westseite ausserhalb des Forts von Lāhōr bis auf den heutigen Tag steht. Ich habe es selbst öfters besucht; es ist mit Malereien, die Geschichte Krishna's, seines Lieblingsgottes, darstellend bedeckt und ein ansehnliches, solides Gebäude, bei dem mehrere Sikh Bhāīs den Dienst verrichten, welche mir einige Reliquien von Arjun vorzeigten. Wenn man seinen Leichnam nicht mehr fand, wozu das Grabmal?

sichtlich die Theilnahme desselben an der Rebellion Chusrau's verschwiegen haben.

Eine andere Version, die Malcolm (Sketch of the Sikhs, p. 32) gibt, dass ein gewisser Danīčand, dessen Schriften Arjun nicht habe in das Granth aufnehmen wollen, ihn bei dem muhammedanischen Gouverneur der Provinz verdächtigt und seine Gefangennahme verursacht habe, kann ich handschriftlich nirgends vorfinden, auch scheint diese Tradition, wenn sie überhaupt existirt, nur wenigen bekannt zu sein, da ich selbst unter den Sikhs nie etwas davon gehört habe. Es ist sehr zu bedauern, dass Malcolm seine Quellen, aus denen er geschöpft hat, nirgends angibt.

Auf Arjun folgte sein Sohn Hargōvind als der sechste Sikh Guru. Um den Tod seines Vaters zu rächen, bewaffnete er zum erstenmale seine Schüler und nahm an Čandū-sāh und vielen Muhammedanern blutige Rache. Er war ein kriegerischer Mann, der an der Jagd und dem Lagerleben sein Vergnügen hatte und sich um geistliche Dinge wenig bekümmerte, wesshalb auch von ihm kein einziger Vers im Granth enthalten ist. Er baute die Stadt Hargōvindpur am Ufer des Biās (Panjābī बिश्रासा), um sich einen fésten Zufluchtsort zu sichern. Sein kriegerischer Eifer veranlasste ihn auch, in den Dienst des Kaisers Jahāngīr zu treten, der ihn jedoch, weil er sich den Sold der Soldaten aneignete, zwölf Jahre auf dem Fort von Guāliar gefangen sezen liess, wie dies der Dābistān (II, p. 274) ausdrücklich bezeugt. Die Sikh Ueberlieferung schweigt ganz davon, dass Hargōvind in kaiserliche Dienste getreten sei und schreibt seine Gefangensezung in Guāliar den Ränken von Čandū-sāh zu, was sehr unwahrscheinlich klingt. Nach Jahāngīr's Tod trat Guru Hargōvind in die Dienste Shāh Jāhān's, mit dem er aber auch bald zerfallen zu sein scheint. Shāh Jāhān sandte Truppen gegen ihn, die Rāmdāspur (Amritsar) einnahmen, wohin er sich zurückgezogen hatte, und sein Eigenthum plünderten. Er floh darauf nach Kartārpur, wo er mit dem Pathān Paīdēkhā̃ (पैंडेखां = Paīndah Khā̃) in Streit gerieth. Auf dessen Antrieb wurden Truppen gegen ihn von Lāhōr gesandt, aber der Guru blieb Sieger und erschlug Pāindah Khān. Er musste jedoch auch von Kartārpur fliehen und begab sich in das Gebirge zu den unabhängigen Rājās. Bezeichnend ist, was Muh'sin Fānī, der Verfasser des Dābistān, der ihn persönlich kannte, von ihm sagt. Der Guru soll 800 Pferde in seinem Stalle gehabt haben und 300 Mann berittener Truppen und 60 Mann mit Feuerwaffen sollen immer in seinem Dienste gestanden haben. Wer irgend wie von Hause flüchten musste, suchte und fand bei ihm Zuflucht (II, p. 277). Da die Plünderungszüge des Guru immer gegen die Muhammedaner und die verhassten, erpressungssüchtigen Provinzial-Auctoritäten gerichtet waren, so ist es nicht zu verwundern, dass er bei der Hindū Landbevölkerung immer populärer wurde und der Sikhismus sich immer rascher ausbreitete, je mehr er der kriegerischen und beutelustigen Jat Bevölkerung entgegenkam, der er auch das Essen von allen Fleischarten erlaubt haben soll, mit Ausnahme des Kuhfleisches. Guru Hargōvind starb nach einem unstäten Leben in Kīratpur im Hause seines Sohnes Gurdittā, A. D. 1638, nachdem er, mit Uebergehung seiner eigenen Söhne (sie waren Gurdittā, Atall, Tēg Bahādur, Anīrāi und Sūratmall) seinen Enkel Har-rāi (den Sohn von Gurdittā, der inzwischen gestorben war) zu seinem Nachfolger ernannt hatte.

Har-rāi, der siebente Sikh Guru, ist nach allen Nachrichten ein friedlicher Mann gewesen, der seinen Siz in Kīratpur beibehielt. Als Dārā, der Bruder Aurangzēb's nach Lāhōr kam, um dort Truppen zum Kriege gegen seinen Bruder zu sammeln, verband sich Har-rāi mit seinen Sikhs mit ihm. Nachdem aber Dārā geschlagen und getödtet war, schickte Har-rāi seinen ältesten Sohn Rām-rāi an den Hof des Aurangzēb, um sich Verzeihung für das Geschehene zu erbitten. Aurangzēb nahm den Sohn des Guru freundlich auf und verzieh dem Vater klugerweise, wodurch die Ruhe im Panjāb erhalten blieb.

Har-rāi scheint weder Neigung noch Beruf zum Dichter in sich gefühlt zu haben; es ist daher von ihm kein einziger Vers im Granth enthalten. Er starb A. D. 1660 in Kīratpur, nachdem er seinen jüngeren Sohn Har-kisan zu seinem Nachfolger ernannt hatte. Der ältere Sohn Har-rāi's, der erwähnte Rām-rāi machte seinem noch minderjährigen Bruder die Nachfolge streitig und da er als Geisel für die gute Aufführung seines Vaters am Hofe Aurangzēb's zurückbehalten worden war, wandte er sich an den Kaiser, um die Nachfolge zu entscheiden. Aurangzēb ergriff diese günstige Gelegenheit und citirte Har-kisan an den Hof nach Dillī. Hier erkrankte er an den Blattern. Als sein Zustand hoffnungslos erschien, sollen die ihn begleitenden Sikhs gefragt haben, wen er zum Guru nach ihm bestimme? Nach einigem Nachdenken soll er fünf Paisā und eine Cocoa-Nuss auf die Erde gelegt, sein Haupt gebeugt und gesagt haben: gehet, euer Guru ist in dem Dorfe Bakālā bei Anandpur. Darauf verschied er A. D. 1664 [1]).

Nach Har-Kisan's Tod entstand unter den Sikhs ein Streit über die Nachfolge, da einige Sōdhīs einen eigenen Guru aufstellten und auch Rām-rāi seine Ansprüche auf die Guruschaft geltend machte und als er nicht durchdringen konnte, eine eigene Gemeinschaft die der sogenannten Rāmraiyās, stifte. Der energische Tēg Bahādur drang jedoch am Ende durch und wurde ziemlich allgemein als der neunte Guru anerkannt. Da sich Tēg Bahādur im Panjāb nicht sicher fühlte vor den Nachstellungen Aurangzēb's, den Rāmrāi für sich gewonnen zu haben scheint, so verliess er das Land und gieng auf einer Wallfarth nach Patnā, wo er fünf oder sechs Jahre blieb. Hier wurde Gōvind Singh geboren und erhielt auch seine erste Erziehung durch Hindū Paṇḍits, was in seinem jungen Gemüthe tiefe Spuren hinterlassen hat

Ueber die folgenden Erlebnisse Tēg Bahādur's gehen die Erzählungen sehr weit auseinander. Nur so viel ist sicher, dass er

---

[1]) Die Ereignisse dieser Periode werden sehr verschieden dargestellt, je nach der Partheistellung der Erzähler. Wir haben daher die Nebenumstände, auf die keinerlei Verlass ist, absichtlich übergangen.

nach verschiedenen Wanderungen ergriffen und nach Dillī gebracht wurde, wo er auf Befehl des Kaisers Aurangzēb enthauptet wurde (A. D. 1675).¹) Auch die Ursache seines Todes wird verschieden angegeben. Die Sikhs, die Tēg Bahādur durchaus als ein frommen, der Welt abgewandten Guru, schildern, schreiben seinen Tod der Bigotterie Aurangzēb's zu, während die muhammedanischen Quellen so das Sairu-lmuta'aẕirīn, I, p. 112. 113 behaupten, er sei um seiner Plünderungszüge willen gefangen und als Rebelle hingerichtet worden.

Im Granth sind mehrere gut geschriebene Compositionen von Tēg Bahādur enthalten, aus denen ein ernster, sogar melancholischer Geist spricht; aber daraus darf man doch nicht voreilig schliessen, dass Tēg Bahādur ein weltentsagender Faqīr gewesen sei, der sich in keine weltlichen Händel gemischt habe. Die Moral der Sikhs war zur damaligen Zeit schon so verwirrt und ihr Hass gegen die Muhammedaner so gross, dass sie Aufruhr gegen die bestehende Regierung und Plünderung der Muhammedaner für ganz erlaubte Dinge hielten.

Die Sākhīs, welche Sirdār Attar Singh, Häuptling von Bhadaur und selbst ein Sikh, welcher mit aufgeklärtem Blick der Geschichte seines Volkes und seiner Religion nachforscht, erst kürzlich herausgegeben hat,²) werfen ein bedeutsames Licht auf die Wanderungen Tēg Bahādur's und ihren wahren Charakter. Nach der eigenen Sikh Ueberlieferung erscheint er hier keineswegs als ein harmloser, wandernder geistlicher Instructor, sondern an der Spitze von wohl bewaffneten Schülern reitend, die überall für sich und ihre Pferde Requisitionen erheben und soweit es angeht, die muhammedanischen Dörfer

---

1) Im Sikhā̃ dī rāj dī vithiā, p. 52, wird dagegen erzählt, dass Tēg Bahādur sich durch einen Sikh den Kopf habe abhauen lassen, um den Quälereien Aurangzēbs zu entgehen. Die Wahrheit ist durch die gegenseitige Animosität so verdunkelt, dass es schwer ist, die wirklichen historischen Facta, in Ermanglung sicherer Quellen, heraus zu schälen. Unglücklicherweise bricht auch der Dābistān mit der Zeit Guru Har-rāi's ab.
2) Der Titel ist: The travels of Guru Tēg Bahādur and Guru Gōvind Singh. Translated from the original Gurmukhī by Sirdār Attar Singh, chief of Bhaḍour, January 1876 Lahore, Indian Public Opinion Press.

plündern. Der Guru hat nicht nur eine zahlreiche Leibwache von treuen Sikhs, sondern er nimmt auch einzelne Stämme der Landbevölkerung in seinen Sold, denen er reiche Beute verspricht (S. Sākhī 44. 45. 46. 67). Dass er auf diesen Zügen von den muhammedanischen Truppen verfolgt wurde, wird ausdrücklich zugestanden (Sākhī 50. 51.); auch manche scharfe Scharmüzel werden erwähnt (Sākhī 53). Dass der Guru auch Bhang (einen Absud von Hanfsamen, der sehr berauschend wirkt) getrunken habe, wird ebenfalls constatirt (Sākhī 62, 73.) Nach diesen Winken müsste man allerdings den muhammedanischen Berichten Glauben schenken, wenn sie die Gefangennehmung und Hinrichtung Tēg Bahādur's auf politische Ursachen zurückführen.[2])

Auf Tēg Bahādur folgte sein Sohn Gōvind Singh, den er aus dem Gefängniss zu seinem Nachfolger ernannt haben soll. Er war erst fünfzehn Jahre alt, als sein Vater starb und da ihm von allen Seiten Gefahr drohte, zog er sich in die Verborgenheit zurück, wo er sich mit Studien, besonders der Erlernung der persischen Sprache, und mit Bogenschiessen beschäftigte. Erst in den reiferen Jahren trat er öffentlich als Guru unter den Sikhs auf und sammelte die versprengten Gemeinschaftsglieder. Um an den Muhammedanern den Tod seines Vaters zu rächen, organisirte er seine Sikhs militärisch und gab der neuformirten Gemeinschaft den Namen Khālsā

खालसा, von dem arabischen خَالِصَة (die reine). Sein Endziel war, die muhammedanische Herrschaft gänzlich zu stürzen und auf deren Trümmern ein eigenes Reich zu gründen.

Da er durch seine Jugenderziehung tief in den Hindū Aberglauben verstrickt worden war, so gieng er, um sich auf seine grosse

---

2) Es muss hier ausdrücklich bemerkt werden, dass in den erwähnten Sākhīs zwischen den Reisen Guru Tēg Bahādur's und Gōvind Singh's keine Abgrenzung gezogen ist, so dass man nicht weiss, wo die einen aufhören, und die andern anfangen. Ich kann, da mir das Original nicht zu Gebot steht, nicht beurtheilen, ob der Fehler am Original oder an der Uebersetzung liegt; dem Herrn Uebersetzer jedoch scheint dieser grosse Mangel gar nicht aufgefallen zu sein, da er darüber keinerlei Bemerkung macht.

Unternehmung vorzubereiten, in das Gebirge zum Tempel der Nainādēvī (नैणादेवी) oder Durgā. Dort liess er von den Brāhmanen alle vorgeschriebenen Opfer vollbringen und unterwarf sich selbst der strengsten Ascese. Um die Opfer vollständig zu machen, verlangten die Brāhmanen, dass er das Haupt eines seiner Söhne der Göttin darbringen solle. Gōvind Siṅgh hatte vier Söhne, als er aber von den Müttern derselben einen Sohn zum Opfer für die Göttin verlangte, schlugen sie es rund ab und verbargen dieselben. Endlich boten fünf Sikhs ihre Köpfe an; das Haupt eines derselben (dessen Name übrigens nicht einmal genannt wird, es heisst nur: होर कासे दी भेट) wurde abgeschlagen und der Göttin dargebracht. Auf dieses blutige Menschenopfer hin soll die Göttin selbst erschienen und gesagt haben: „geh', deine Religion wird in der Welt laufen." (जाह तेरा पन्थ जगत विखे तुर पवेगा [1]). Darauf kehrte der Guru aus dem Gebirge nach Anandpur zurück, versammelte die Gemeinschaften und verlangte das Haupt eines seiner Schüler. Auf diese (erneute) Anforderung sollen viele Sikhs geflohen sein, fünf aber sollen ihre Köpfe angeboten haben. Diese fünf (deren Namen genannt werden) nahm er in ein Zimmer und sagte zu ihnen, er wolle ihnen, die er als wahrhaftig erfunden habe, den Pāhul (पाहुल्) der wahren Religion geben. Er liess sie dann baden, sezte sie nebeneinander, mischte Patāsā (eine Art von Süssigkeiten) mit Wasser und warf in dieses Zuckerkant, recitirte dazu einige Verse, wie sie im अकाल उस्तुत geschrieben stehen, liess sie von diesem Scherbet etwas trinken, etwas goss er auf ihr Haupt und den Rest auf ihren Körper und indem er sie mit der Hand berührte, sagte er mit lauter Stimme: „sprechet: vāh Gurū-jī kā khālsā, siri vāh

---

[1] Wir führen hier den Grundtext an, wie er im Sikhā dī rāj dī vithiā, p. 55, nachgelesen werden kann. An diesem blutigen Menschenopfer ist nicht zu zweifeln, da alle Berichte darin übereinstimmen, zum deutlichen Beweise, dass sich die Brāhmaṇen auch im siebenzehnten Jahrhundert unser christlichen Zeitrechnung nicht scheuten, Menschenopfer darzubringen. Wenn die Thatsache nicht zu offenbar gewesen wäre, hätten die Sikhs selbst so etwas ihrem Guru gewiss nicht angedichtet.

Gurū-jī kī fate! (वाह गुरू जी का खालसा सिरी वाह गुरू जी की फते, bravo, die Khālsā des Guru, bravo, Sieg dem heiligen Guru!) So gab er den Pāhul diesen fünf, und nahm dann selbst den Pāhul von diesen, und auf diese Weise wurden alle Sikhs durch den Pāhul in die Khālsā eingeweiht, indem ihnen zugleich der Name Singh (Löwe) beigelegt wurde. Darauf gebot er: wer sein Schüler sein wolle, müsse immer fünf Sachen bei sich haben, nämlich: das Haar (केस, das nicht abgeschnitten werden darf), einen Kamm (कंघा), ein Messer (कारद), ein Schwert (किरपाण) und kurze Hosen bis zum Knie (कछ, im Gegensaz zum लंगोटी der Hindūs.) Um seine Sikhs ganz von den Hindūs und Muhammedanern zu trennen und sie als solche auch äusserlich kenntlich zu machen, gab er noch manche andere Bestimungen, die im sogenannten रहितनामा (Buch der Aufführung und des Betragens) niedergeschrieben sind.[1]) Um die Sikhs recht zu Einem Körper zusammenzuschmelzen, schaffte er die Kaste ganz ab und nahm Leute jeder Kaste, auch die geringsten nicht ausgenommen, in die Khālsā auf. Dies beleidigte jedoch die höheren Kasten so sehr, dass viele sich von Guru Gōvind Singh zurückzogen.

Er versuchte auch seinem Sinn und Geist entsprechende Zusäze zum heiligen Granth zu machen, das in Kartārpur in den Händen der Sōdhīs aufbewahrt wurde. Diese erkannten jedoch Gōvind Singh nicht als Guru an und verweigerten die Herausgabe des Granth. Er beschloss daher ein eigenes Granth zu verfassen, um seinen Anhängern einen kriegerischen Geist einzuflössen, da das alte Granth nach seiner Ansicht nur dazu geeignet war, aus den Sikhs harmlose Faqīre zu machen, die er für seine Zwecke nicht gebrauchen konnte. Das von ihm und seinen Hofpoëten verfasste Granth, दस्वें पातसाह का यन्थ (das Buch des zehnten Königs) genannt, athmet allerdings einen wilden, kriegerischen Geist und

---

1) Dahin gehört auch das Verbot des Tabakrauchens.

steht insofern in einem scharfen Gegensaz zum आदि यन्थ, aber es konnte doch nicht das alte Granth verdrängen und wurde nie unter der grossen Sikh Gemeinschaft recipirt, da die edleren Geister unter denselben sich durch den blutigen Charakter desselben abgestossen fühlten; nur die eigentlichen Gōvind Singhīs, die speciellen Anhänger des Guru, nahmen es als ihr heiliges Buch an. Jezt ist es unter den Sikhs fast vergessen und es wird nur selten gelesen und noch viel seltener verstanden, da es in Folge seiner wilden Bilder und des schweren Hindī Idioms, in dem es verfasst ist, dem populären Verständniss zu ferne gerückt ist; nur die Fanatiker unter den Sikhs, die den Verlust der weltlichen Herrschaft nicht verschmerzen können, greifen mit Vorliebe auf dasselbe zurück und beuten es gelegentlich für ihre Zwecke aus.

Seine ersten Kämpfe hatte Gōvind Singh mit den unabhängigen Rājās der Gebirge zu bestehen, mit denen er sich überworfen hatte. Sie sammelten ein Heer gegen ihn und griffen ihn in Ānandpur an, wurden aber von ihm in einer blutigen Schlacht geschlagen, in der auch die zwei ältesten Söhne Gōvind Singh's fielen. Die Rājās riefen nun den Kaiser Aurangzēb um Hilfe an, der ein Heer zu ihrer Unterstüzung sandte. Gōvind Singh floh und entkam mit Noth und Mühe nach Mālvā; seine beiden jüngsten Söhne jedoch, die er in der Stadt Māchūvārā (माछूवाड़ा) zurückgelassen hatte, wurden den Muhammedanern verrathen und grausam in Sarand (= Sirhind) zum Tode gebracht. Bei Muktsar (मुकतसर, Teich der Emancipation) wurde er eingeholt und es kam zu einem blutigen Kampf; endlich aber mussten die kaiserlichen Truppen die Verfolgung in dem öden Lande aus Mangel an Wasser und Lebensmitteln aufgeben und so fand Gōvind Singh einige Ruhe. Er baute dort einen Ort Damdamā (दमदमा), der unter den Sikhs sehr berühmt und ihr Benāres geworden ist; dorthin begeben sich noch alle, die sich einige Gelehrsamkeit im Gurmukhī erwerben wollen.

Nach dem Tode Aurangzēb's (1707) scheint sich Guru Gōvind Singh in ein freundliches Verhältniss zu seinem Sohn und Nachfolger Shāh Bahādur gestellt zu haben. Er trat in seine Dienste und unterstützte ihn in seinem Kampfe mit seinen Brüdern; nach Beendigung des Kriegs, wurde Gōvind Singh als Befehlshaber über 5000 Reiter nach dem Süden in das Thal der Godāvery gesandt, da es die Regierung für gerathen hielt, ihn von dem Panjāb fern zu halten. Dort fand er ein tragisches Ende, das verschieden erzählt wird.

Die gewöhnliche Sikh Ueberlieferung ist, dass Gōvind Singh einen Enkel von Pāindah Khān, der von Guru Hargōvind erschlagen worden war, in seine Dienste nahm und sehr liebevoll behandelte. Eines Tages soll er den jungen Paṭhān gefragt haben, was er thun würde, wenn er Gelegenheit hätte, „den Tod seines Vaters und Grossvaters zu rächen und ein Dolch in seiner Hand wäre? Dadurch wurde der junge Paṭhān beschämt, da er nicht undeutlich herausfühlte, dass der Guru ihn zu einer solchen That der Rache herausforderte. Als der Guru in seinem Zelt sich zur Ruhe legte, ergriff er den Dolch, den der Guru bei sich trug, und stiess ihm denselben in den Unterleib. Die Wunde war nicht absolut tödtlich und der Mörder wurde ergriffen, aber von Gōvind Singh freigelassen, da er selbst bekannte, dass er ihn (wohl aus Lebensüberdruss) zu dieser That herausgefordert habe. Die Wunde wurde wieder geheilt, aber durch die Spannung eines Bogens kurz darauf (und wohl absichtlich) wieder aufgerissen. Als man sein Ende herankommen sah, fragten ihn die Sikhs, wen er zu seinem Nachfolger ernennen wolle? Er erwiederte, dass er ihnen keinen mehr ernennen werde, sie sollten nach seinem Tode das Granth als ihren einzigen Guru betrachten; was sie dasselbe fragen werden, werde es ihnen anzeigen. Er starb A. D. 1708.

Gōvind Singh hat das grosse Ziel, das er sich gesteckt und das er sogar durch ein blutiges Menschenopfer sich zu sichern suchte, nicht erreicht, aber er hat sein gut Theil dazu beigetragen, die muhammedanische Macht durch blutige Kämpfe und Aufstände immer mehr zu erschüttern und zu schwächen, während die Sikhs selbst immer mehr zu einer geschlossenen, kriegsgeübten Macht zusammenwuchsen. Es ist daher nicht zu verwundern, dass es den Sikhs bald gelang auf den Trümmern des muhammedanischen Reiches ein eigenes Reich im Norden Indiens zu gründen, das nach kurzer Blüthezeit wieder von dem britischen Löwen verschlungen worden ist, weil die Sikh Religion nicht dazu angethan war, das Volk für ein geordnetes Staatsleben heranzubilden. Seit der Vernichtung der Sikh Herrschaft ist der Sikhismus entschieden im Niedergang begriffen und manche Sikhs kehren stillschweigend in den Schooss des alten, zähen Hindūismus zurück, der auch diesen Reformversuch zu überleben alle Aussicht hat. Eine Religion, die sich zulezt allein auf das Schwert stüzte und nur an die kriegerischen Leidenschaften einer raubsüchtigen Bevölkerung appellirte, musste in sich zusammenfallen, sobald sie durch das Schwert überwunden war. Das allmählige Verschwinden der Sikhs erklärt sich auch aus dem Umstande, dass die Kaste, obschon durch Gōvind Singh, formell abgeschafft, mit all ihren Vorurtheilen in den alten Khatrīs und besseren Familien doch noch fortlebt und sie wieder dem Hindūismus zuführt, sobald ihre Interessen es erheischen. Bis auf Gōvind Singh war eigentlich ein religiöser Antagonismus zwischen Hindūs und Sikhs nicht vorhanden, so lange die Kaste noch Geltung hatte und die Brāhmanen Hauspriester waren. Erst Gōvind Singh trennte seine Schüler völlig ab und lehrte sie den Brāhmanen wie den Mullā hassen, konnte aber mit diesen Neuerungen nie durchdringen, die nur dem gemeinen Volke angenehm waren, die höheren Classen dagegen abstiessen. Mit dem Aufhören der Verfolgungen von Seiten der Muhammedaner und der Einführung religiöser Freiheit für jeden ist der religiöse Enthusiasmus der Volksmassen sehr gesunken und die materiellen Interessen treten auch hier, seit Sicherheit für Leben und Eigenthum geboten ist, in den Vordergrund. Einzelne fanatische Ausbrüche (wie die Kūkā Bewegung) können zwar wohl temporär die Köpfe des gemeinen Volkes noch erhizen, werden aber von den besizenden und höheren Classen der Gesellschaft mit Verachtung zurückgewiesen. Zur Hebung des Volkscharakters hat die Sikh Religion

nur indirect beigetragen und wenn man auch dem Sikh mit Recht
einen mehr offenen und geraden Charakter zuschreiben darf als
dem Hindū, so kommt das nicht von den moralischen Vorschriften
ihrer Religion her, sondern von dem kriegerischen, männlichen
Geiste, der ihnen eingepflanzt wurde, während die Hindūs durch
die Brāhmaṇen in abergläubischer Furcht erhalten wurden.
In wissenschaftlicher Beziehung hat der Sikhismus wenigstens
nach einer Seite hin fruchtbringend gewirkt. Dadurch, dass die
Sikh Gurus, die selbst der Mehrzahl nach ungeschulte und des
Sanskrit unkundige Leute waren, in der Volkssprache, welche die
Brāhmaṇen von jeher verachteten und vernachlässigten, lehrten und
schrieben, wurde diese mehr cultivirt und es entstand nach und
nach eine ausgedehnte Literatur, die Jedermann verständlich war.
Am Granth erhielten die Sikhs ihre Bibel, die jeder zu lesen und
theilweise auswendig zu lernen verbunden war, und wenn der Stil
derselben auch keineswegs polirt ist, so bekam doch die Volkssprache daran eine feste, giltige Norm, die für die Ausbildung
derselben von grossem Einflusse war. Es ist erstaunlich, wie viele
Volksschriften die Sikh Bewegung hervorrief, was deutlich genug
beweist, wie tief die Geister dadurch ergriffen waren. Dadurch
aber, dass verhältnissmässig nur wenige der Brāhmaṇen, in deren
Händen die Gelehrsamkeit und Bildung der vorangegangenen Zeit-
alter verschlossen waren, sich dieser Bewegung anschlossen, hat die
Volksliteratur nicht die Ausbildung und Bereicherung erhalten können,
die sie zu einem allgemeinen Bildungsmittel gemacht hätte, sondern
blieb auf religiöse und einige damit zusammenhängende historische
Erörterungen beschränkt.

Das aber, was die Brāhmaṇen in ihrem engherzigen Kasten-
geiste nicht gethan haben, indem sie ihren Wissensschaz, statt ihn
zum Gemeingut des Volkes zu machen, ängstlich vor demselben
verwahrten, haben ihm nun glücklichere Zeiten gebracht, in denen
ihm unter einer erleuchteten Regierung die Wissensschäze des
Abendlandes mit vollen Händen in neu gegründeten hohen Schulen
dargereicht werden.